LOUISE DE QUADROS DA SILVA

GESTÃO DO TEMPO

Técnicas para Organizar Sua Rotina

1º EDIÇÃO

PORTO ALEGRE

2021

Liberdade do Saber

QUADROS DA SILVA, Louise de. **1995.**

Gestão do Tempo: **Técnicas Para Organizar Sua Rotina**. Louise de Quadros da Silva. - Porto Alegre: Editora Liberdade do Saber. Porto Alegre. 2021.

38 p.

ISBN: 9798704779452

1. Gestão do Tempo 2. Administração 3. Gestão 4. Cronograma

SOBRE A AUTORA

Louise de Quadros da Silva

Mestra em Educação pela Universidade La Salle Canoas (2019). Graduada em Gestão de Recursos Humanos (2015) e atualmente discente do curso de Pedagogia da mesma instituição. Participa do grupo de pesquisa "Gestão educacional dos diferentes contextos" da Universidade La Salle. Tem experiência na área educacional como monitora de ensino médio, monitora e estagiária do ensino superior e com elaboração de e-book para graduação e cursos técnicos.

APRESENTAÇÃO DO LIVRO

O livro Gestão do Tempo escrito pela Professora Mestra Louise de Quadros da Silva é uma ótima leitura para quem pretende se organizar e otimizar suas rotinas, seja no trabalho, em casa ou nos estudos. A leitura agradável apresenta conceitos e dicas para que você possa aprofundar técnicas que possibilitam a melhor gestão para cumprimento de tarefas simples, medianas e complexas do seu dia-a-dia.

Aprender essas técnicas fantásticas através dessa leitura e ao coloca-las em prática na sua rotina, você perceberá que a organização do tempo é fundamental para o cumprimento de tarefas e, com o conhecimento adquirido aqui, você poderá se organizar de forma mais efetiva e o cumprimento de metas será o seu grande diferencial.

Desejamos a todos uma ótima leitura!

Um Abraço.

Equipe Ed. Liberdade do Saber, 2021.

ÍNDICE

CONCEITOS DA GESTÃO DO TEMPO

A gestão do tempo trata-se de uma competência que pode ser desenvolvida para auxiliar-nos na organização de atividades, compromissos e tarefas, dentro de determinado período de tempo.

Conforme Alves, Luz e Bilac (2017, p. 9):

"A gestão do tempo é uma ferramenta crucial, que tanto pode ser utilizada nas empresas quanto na vida de cada pessoa. A mesma começa com a identificação de como utilizar o tempo naquilo que gera produtividade e é considerado importante, com a menor quantidade de recursos possíveis.".

Segundo Soratto e Rahman (2020, p. 62) "[...] o gerenciamento do tempo é importante para termos melhores resultados e também para oportunizarmos mais tempo livre para ações diversas, sejam elas de interesse individual ou coletivo.".

QUAL SUA IMPORTÂNCIA

Gerir melhor o tempo possibilita melhor desempenho e resultados. Dessa forma, o indivíduo passa a ter melhor controle sobre as horas do dia, bem como sua organização pessoal diária, semanal e mensal.

Pereira (2019) afirma que a falta de tempo, em grande parte, refere-se a falta de organização diária, ou seja, a má gestão do tempo.

Isso porque, "A administração do tempo é muito mais do que controlar as horas, é a gestão de nós mesmos em relação ao modo como dispomos do tempo." (PEREIRA, 2019, p. 61).

Batista et al. (2013) indica que a gestão do tempo possibilita o melhor controle de acontecimentos, evitando o desperdício de tempo.

Benefícios da boa gestão do tempo:

- Cumprimento de prazos;
- Alto desempenho;
- Melhor organização pessoal e do setor;
- Maior número de tarefas concluídas;
- Mais tempo livre;
- Redução de problemas;
- Otimização do tempo;
- Redução do estresse e da irritabilidade;
- Não necessidade de retrabalho;
- Redução de esforços desnecessários;
- Melhor qualidade de vida.

Apresentação dos 5 passos que serão apresentados nas aulas seguintes:

Para uma melhor gestão do tempo, indicamos 5 passos a serem seguidos, conforme veremos com maiores profundidades nos tópicos seguintes.

1º passo - Planejamento da gestão do tempo

2º passo - Organização de tarefas e definição de prioridades

3º passo - Verificação dos recursos e durações de atividades

4º passo - Desenvolvimento do cronograma

5º passo - Revisando o cronograma

PLANEJAMENTO DA GESTÃO DO TEMPO

Muitos autores falam sobre o planejamento da gestão do tempo como primeiro ou um dos primeiros passos. Segundo Covey (1994) é preciso planejar as atividades semanais, de preferência, em uma planilha. Nesta, deve conter as tarefas e compromissos, as metas de cada dia, bem como compromissos periódicos já assumidos.

A partir do "[...] planejamento é possível reduzir riscos e prever resultados, observando o que deve ser feito e como será feito, economizando tempo na realização de metas e no trabalho diário." (ALVES; LUZ; BILAC, 2017, p. 11)

FERRAMENTA 5W2H

Uma ferramenta da área de administração que pode auxiliar no planejamento da gestão do tempo é o 5W2H. De acordo com autores como Werkema (1995) e Silveira, Martelli e Oliveira (2016), essa ferramente é constituida por:

What? Where? Why? Who? When? How? How much?

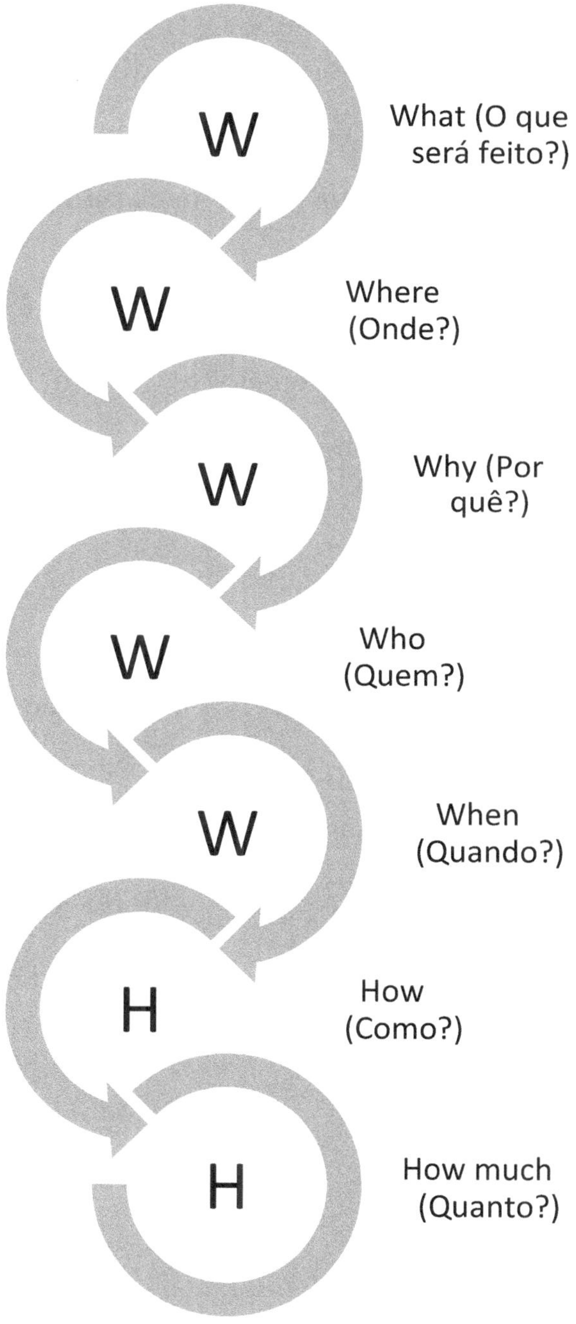

W
What (O que será feito?)
W
Where (Onde?)
W
Why (Por quê?)
W
Who (Quem?)
W
When (Quando?)
H
How (Como?)
H
How much (Quanto?)

Essa ferramenta possibilita uma melhor compreensão das atividades a serem realizadas e sua organização. Segundo Grosbelli (2014, p. 6) a [...] 5W2H consiste em uma série de ações direcionadas a problemas presentes em processos ou serviços, permitindo identificar as rotinas mais importantes, detectando seus problemas e apontando soluções.

FERRAMENTA MATRIZ SWOT

Outra ferramente interessante para o planejamento da gestão do tempo é a matriz SWOT, sigla traduzida do inglês (KLUYVER; PEARCE II, 2007):

Strenghts: Forças

Weaknesses: Fraquezas

Opportunities: Oportunidades

Threats: Ameaças

Diferente da ferramenta anterior, está tem foco na verificação do cenário, a fim de que tenhamos melhores condições para a tomada de quaisquer decisões. Dessa forma, verificar esse cenário, nos dá amparo para a gestão do tempo.

Strenghts

Forças

Weaknesses

Fraquezas

Opportunities

Oportunidades

Threats

Ameaças

MODELO DE PLANEJAMENTO

Apresentamos três grandes fases do planejamento da gestão do tempo, conforme Modelo de planejamento de Estrada, Flores e Schimith (2011):

- Auditoria: verificação da situação de uso de tempo semanal;

- Alavancagem: verificação da situação de alocação do tempo semanal;

- Enquadramento do tempo: planejamento semanal e diário, considerando as priorizações.

1º FASE - AUDITORIA DO TEMPO

Segundo Estrada, Flores e Schimith (2011, p. 7), esta fase: "[...] corresponde a um levantamento da situação real do uso do tempo, ou seja, a uma avaliação sobre como o tempo está sendo empregado na semana.". A seguir, temos um exemplo de ferramenta de auditoria do tempo, proposto por Estrada, Flores e Schimith (2011, p. 321).

Quadro de auditoria do tempo						
Semana de 25 a 31/10/10	Papel: individual	Papel: familiar	Papel: profissional	Papel: empresarial	Papel: social	Total de horas/Dia
Segunda-feira	10 h	2 h	10 h	2 h	-	24 h
Terça-feira	13 h	1 h	8 h	2 h	-	24 h
Quarta-feira	11 h	3 h	8 h	2 h	-	24 h
Quinta-feira	11 h	1 h	9 h	3 h	-	24 h
Sexta-feira	11 h	1,5 h	8 h	2 h	1,5 h	24 h
Sábado	13 h	2 h	5 h	1 h	3 h	24 h
Domingo	15 h	1,5 h	-	-	7,5 h	24 h
Total de horas por papel	84 h	12 h	48 h	12 h	12 h	168 h
% do tempo	50%	7,14%	28,58%	7,14%	7,14%	100%

Os autores complementam, que além de mencionar a distribuição do tempo, devemos comparar os resultados da auditoria com nossas metas e objetivos pessoais. Assim, podemos verificar como nosso tempo está sendo distribuído e o que precisa ser alterado.

2º FASE - ALAVANCAGEM DO TEMPO

Nesta fase ocorre a organização do tempo, destinando períodos para cada atividade diária. Estrada, Flores e Schimith (2011, p. 8) explicam que:

> *Alavancar o tempo é planejar a execução do que realmente importa (que agrega valor), ou seja, daquilo que é necessário e desejado*

realizar. É definir a aplicação ideal do tempo para cada papel pessoal, em prol do equilíbrio pessoal e da melhor qualidade de vida.

Os autores também apresentam um exemplo para nos guiar nesta fase (ESTRADA; FLORES; SCHIMITH, 2011, p. 322):

Quadro de alavancagem do tempo				
Contexto semanal		Ano: 2010		
Papéis	Metas e projetos anuais	Principais ações de referência	Horas	% tempo
Individual	- implementar saúde preventiva, realizando exames regulares; - melhorar o condicionamento físico; - reduzir o peso em 5 kg e mantê-lo; - investir na espiritualidade; - investir no desenvolvim. pessoal.	- fazer refeições saudáveis; - dormir 8 horas por noite; - fazer exercícios físicos no mínimo 3 vezes por semana; - fazer yoga 2 vezes por semana; - ler no mínimo 10 páginas/livro por dia.	75	44,65%
Familiar	- aumentar contato com familiares e amigos; - dar maior atenção à esposa e fazer programas regulares; - estreitar relacionamento com filhos com programas regulares.	- fazer duas visitas semanais a parentes e amigos; - realizar programas semanais com esposa e providenciar viagem de bodas; - reservar no mínimo 7 horas semanais para programas com os filhos.	16	9,52%
Profissional	- fazer cursos de aperfeiçoamento e capacitação profissional; - aperfeiçoar a língua inglesa.	- participar de cursos de capacitação; - fazer aulas de inglês 2 vezes por semana.	40	23,81%
Empresarial	- aumentar as vendas em 10%, ampliando a carteira de clientes; - reduzir os custos em 10%; - melhorar o processo administrativo.	- realizar duas reuniões semanais com a equipe de vendas; - pesquisar e contatar possíveis novos clientes semanalmente; - criar e implantar *software* de gestão administrativa e controle de custos.	11	6,55%
Social	- participar como palestrante voluntário na comunidade; - participar mais de eventos sócio-culturais-ambientais.	- fazer uma palestra semanal, em média; - participar semanalmente de eventos sócio-culturais-ambientais.	10	5,95%
		Tempo para contingências	16	9,52%
		Total de tempo	168	100%

3º FASE - ENQUADRAMENTO DO TEMPO

Conforme Estrada, Flores e Schimith (2011, p. 9), a fase do enquadramento do tempo, última etapa do planejamento.

[...] consiste em mapear tarefas para cada semana e dia, por meio de planejamentos semanais e diários, em consonância com a situação ideal de uso do tempo (alavancagem do tempo). Enquadrar o tempo é o processo de desdobrar, sistematicamente, as metas e ações anuais, planejando tarefas para o contexto semanal, diário e da priorização [...]

Para o enquadramento do tempo, podemos utilizar planejamentos diários, semanais, mensais ou até mesmo anuais. A seguir, temos um exemplo de Estrada, Flores e Schimith (2011, p. 324), para enquadramento diário.

Planejamento diário: 08/11/2010				
P	Tarefas	Horas	Tarefas e compromissos	Tempo
6	Projeto de expansão de vendas	8h-9h	Preparar reunião do conselho	
2	Falar com Mário sobre projeto comunitáro	9h-10h	"	1h30
7	Comprar presente para mãe	10h-11h	Ligar Mário sobre projeto; outras ligações e atendimento	1h30
4	Ir à reunião com a equipe de vendas	11h-12h	Ir à reunião do conselho: plano de redução de custos	1 h
3	Ligar para agência de turismo; marcar visita	12h-13h	Almoçar	45 min
1	Preparar reunião do conselho	13h-14h	Verificar correspondência, leituras, *e-mails*	1h15
5	Ver relatórios de vendas anteriores	14h-15h	Ligar para agência de turismo; outras ligações e atendimento	30 min
		15h-16h	Ir à reunião com equipe de vendas	30 min
		16h-17h	Ver relatório de vendas; começar projeto de expansão	1h
		17h-18h	Avaliar dia e planejar o próximo; presente mãe	1h15
		18h-19h	Ir à academia de ginástica	1h15
		19h-20h	Ir à aula de inglês	1 h
		20h-22h	Jantar e conversar com a família (esposa e filhos)	2 h
Anotações: Convocação da reunião da equipe (Secretária); CPF da Lúcia: 000 111 222-33				

ORGANIZAÇÃO DE TAREFAS E DEFINIÇÃO DE PRIORIDADES

Segundo Barbosa (2004) este é um dos primeiros e mais importantes passos para a boa gestão do tempo.

Conforme Alvez, Luz e Bilac (2017, p. 11) "As prioridades devem ser determinadas conforme a urgência e a importância de cada tarefa, bem como a duração e execução de cada uma delas.".

NÍVEL DE PRIORIDADE

Indicamos para a melhor organização das tarefas, a disposição destas conforme 3 níveis de prioridades:

Alta: atividades que não podem ser adiadas de forma alguma, ou seja, que devem ser realizadas de imediato ou o mais rápido possível.

Média: atividades que podem aguardar certo tempo para serem realizadas e, que não comprometem a execução de atividades de alta prioridade.

Baixa: atividades que não têm urgência para serem executadas, ou seja, podem ser deixadas para momentos de menor fluxo dos outros níveis de prioridade.

Para melhor organização das tarefas conforme as prioridades, apresentamos a seguir algumas ferramentas que podem auxiliar nesse processo.

MATRIZ DE EISENHOWER

De acordo com Reverón Suárez et al. (2015, p. 18, tradução nossa) "[...] é preciso aprender a distinguir o que é importante e urgente de tudo o que não é, ou seja, priorizar a partir dessas duas ideias.". Para isso, os autores apresentam 4 quadrantes, a saber: Urgente e Importante; Não urgente, mas, Importante; Urgente, mas, Não importante; e Não urgente e Não importante.

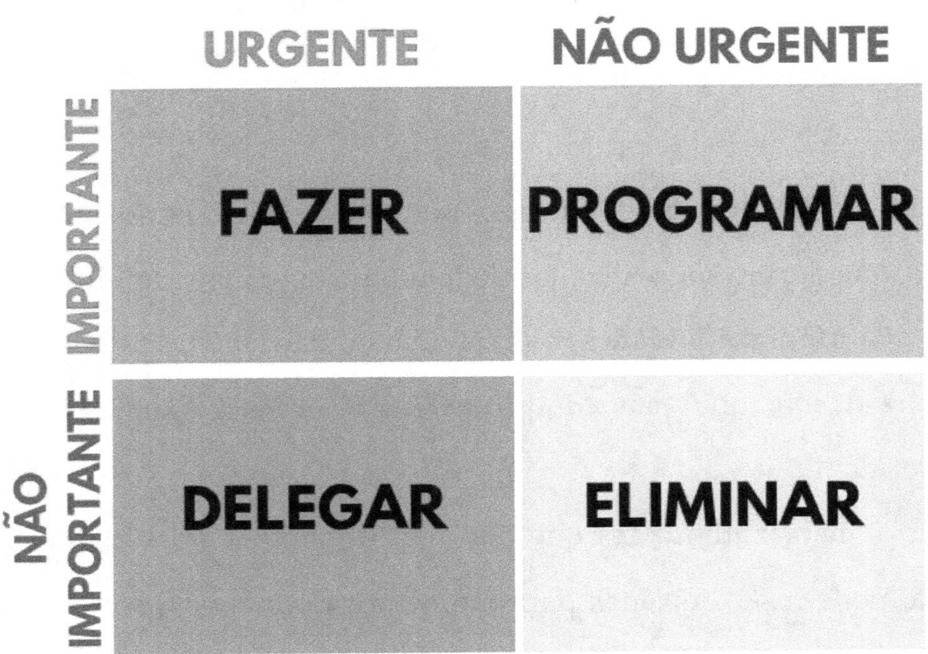

MATRIZ DE URGÊNCIA E IMPORTÂNCIA

Infantas, Portocarrero E Lopez (2017, p. 61) indicam que esta matriz serve de guia para o planejamento e organização da gestão do tempo, pois permite verificar o estado das variáveis segundo dois critérios: a importância e a urgência.

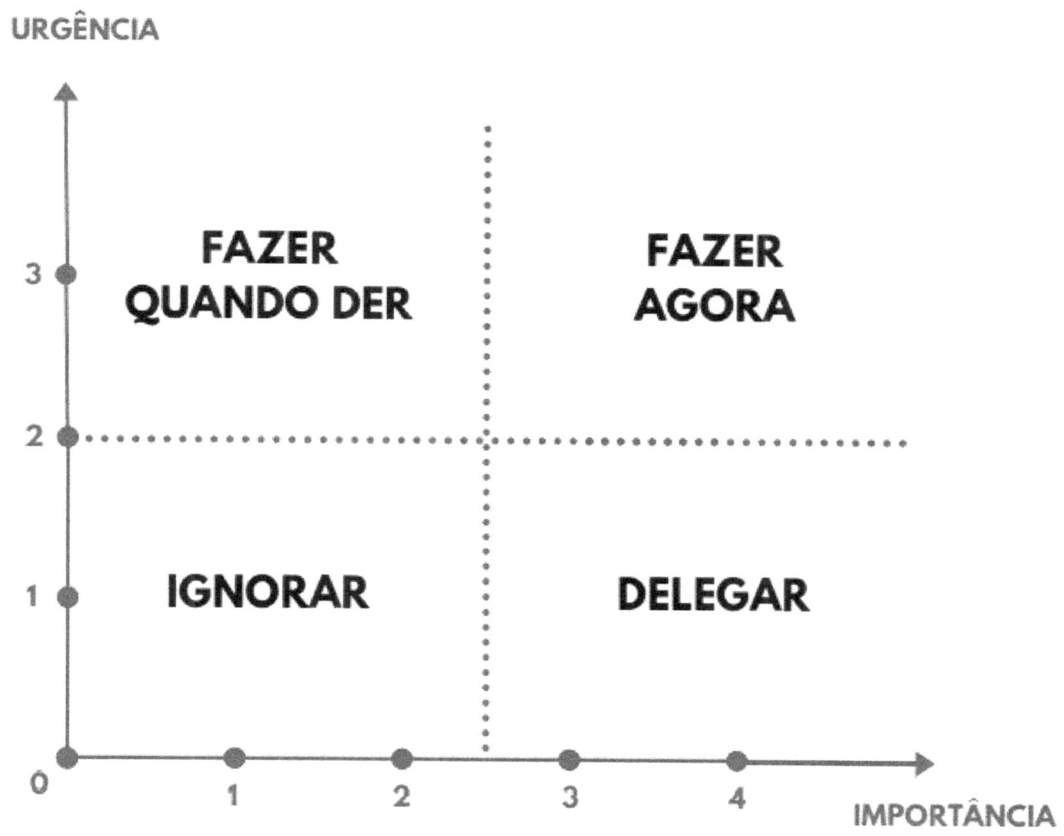

MATRIZ G.U.T.

Conforme Petenate (2019) a Matriz G.U.T., composta por três elementos - gravidade, urgência e tendência -, é uma ferramenta que ajuda a entender quais as prioridades considerando o ambiente. Para a utilização desta ferramenta devemos considerar os seguintes níveis G.U.T. para cada atividade:

G — Gravidade

1. Nada grave;

2. Pouco grave;

3. Grave;

4. Muito grave;

5. Extremamente grave.

U — Urgência

1. Pode esperar;

2. Pouco urgente;

3. Urgente;

4. Muito urgente;

5. Precisa de atenção imediata.

T — Tendência

1. Não se agravará;

2. Pode se agravar no longo prazo;

3. Pode se agravar no médio prazo;

4. Pode se agravar no curto prazo;

5. Pode se agravar imediatamente.

ORGANIZANDO

Após compreendermos a importância das prioridades e estudarmos algumas ferramentas para isso, devemos realizar a organização das tarefas. Nesse sentido, apresentamos alguns itens que podem ser considerados nesse processo:

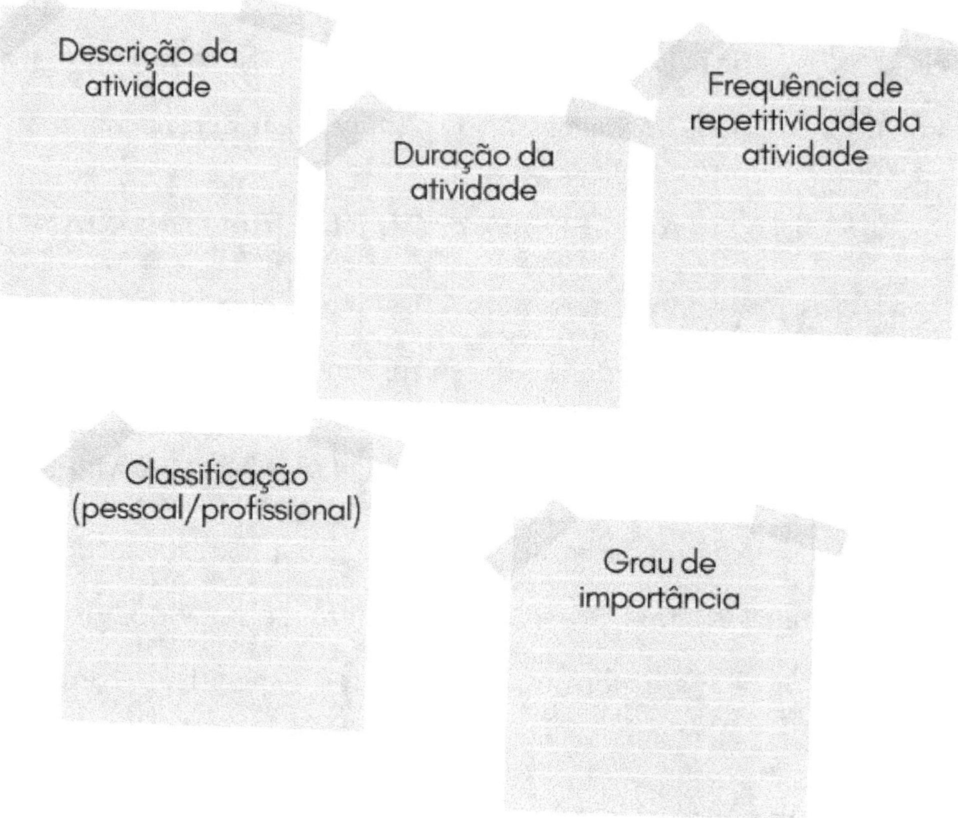

VERIFICAÇÃO DOS RECURSOS E DURAÇÕES DE ATIVIDADES

Etapa importante para a gestão do tempo é a verificação do necessário, a partir da estimativa de recursos e pessoas ou recursos humanos. No mesmo sentido, precisamos estimar o tempo necessário para cada atividade, entendendo planejamentos de curto, médio e longo prazo.

ESTIMATIVA DE RECURSOS

Conforme Silva-Eng (2015), estimativa de recursos trata-se do processo de verificação dos tipos e quantidades de material, equipamentos ou suprimentos que serão necessários para realizar determinada atividade.

ESTIMATIVA DE PESSOAS OU RECURSOS HUMANOS

Verificação do número de profissionais, bem como seus cargos e/ou competências necessárias para o desenvolvimento de cada atividade.

ESTIMATIVA DA DURAÇÃO DAS ATIVIDADES

De acordo com Silva-Eng (2015, p. 2) "[...] trata-se do processo de estimativa mais próxima possível no número de períodos de trabalho que serão necessários para terminar atividades específicas com os recursos estimados."

Para que possamos estimar a duração das atividades, podemos nos apoiar em diferentes artefatos, como: Calendários; Disposição da carga horária diária; Disponibilidade individual e do grupo; Recursos humanos envolvidos; Grau de complexidade; Competências necessárias; Interferências; etc.

DESENVOLVIMENTO DO CRONOGRAMA

Podemos conceituar o cronograma, segundo Silva-eng 2015, p. 3) como "[...] um medidor visual do tempo. Trata-se da forma mais clara de enxergar o atraso ou adiantamento do projeto. Um atraso só é causado quando há interferência na sua execução."

Desse modo, Oliveira (2018) destaca que o cronograma serve para acompanhamento e controle das atividades, bem como para garantia os prazos sejam cumpridos.

Silva-Eng (2015, p. 13) afirmam que "[...] o cronograma permite agir antecipadamente diante de imprevistos do projeto corrigindo-o ou amenizando o impacto."

É possível elaborar mais de um cronograma, sendo que o ideal é verificar a necessidade individual. Dessa forma, apresentamos a seguir um modelo   de   cronograma   geral,   mensal   e   diário.

Cronograma geral

Atividade	Início	Prazo	Responsável	Situação

Cronograma mensal

Mêses	Atividades
Janeiro	
Fevereiro	
Março	
Abril	
Maio	
Junho	
Julho	
Agosto	
Setembro	
Outubro	
Novembro	
Dezembro	

Cronograma diário

Horário	2°	3°	4°	5°	6°	Sáb.	Dom.
05:00							
06:00							
07:00							
08:00							
09:00							
10:00							
11:00							
12:00							
13:00							
14:00							
15:00							
16:00							
17:00							
18:00							
19:00							
20:00							
21:00							
22:00							
23:00							

CONTROLE, AVALIAÇÃO E REORGANIZAÇÃO DO CRONOGRAMA

Controle do cronograma

Para que o cronograma, seja ele geral, mensal ou diário, realmente funcione é necessário realizar um controle deste. Isso porque, é importante que o andamento de cada atividade seja verificado a fim de analisar o que está ocorrendo dentro do previsto e o que merece atenção para ajustes, mantendo o instrumento atualizado e condizente com o contexto.

Controlar pode ser compreendido como o ato de fiscalizar e/ou administrar algo, que neste caso é o cronograma.

Controlar pode ser compreendido como o ato de fiscalizar e/ou administrar algo, que neste caso é o cronograma. De acordo com Silva-Eng (2015, p. 3) "[...] o controle do cronograma como o processo de monitoramento do andamento do projeto para atualização do seu progresso e gerenciamento das mudanças feitas na linha de base do cronograma.".

AVALIAÇÃO E REORGANIZAÇÃO DO CRONOGRAMA

Além de controlar o cronograma, é extremamente importante acompanhar o andamento das metas diárias, semanais, mensais e anuais para alinhar mudanças necessárias no cronograma, mantendo uma boa gestão do tempo.

A cada avaliação do cronograma, devemos considerar as mudanças de contextos e as novas necessidades, realizando atualizações e alterações, conforme preciso.

DICAS FINAIS

Após os conhecimentos adquiridos, destacamos alguns aplicativos que podem auxiliar na gestão do tempo:

Gestão do Tempo

A Gestão do Tempo mede quanto tempo você gasta em cada uma das suas atividades e, também, pode definir metas e verificar a conformidade em durações, em percentagem de desvios e em gráficos.

Saiba mais em:

https://play.google.com/store/apps/details?id=zzz1zzz.tracktime

Podio

Organização e gerenciamento de atividades, visando o trabalho em equipe.

Saiba mais em: https://podio.com/

Google Agenda

Google Agenda via otimizar o tempo e organizar o dia a partir de eventos, tarefas e metas.

Saiba mais em:

https://play.google.com/store/apps/details?id=com.google.android.calendar&hl=pt_BR&gl=US

Google Keep

Google Keep agrupa ideias, lembretes e muito mais, seja onde quer que você esteja.

Saiba mais em: https://www.google.com.br/keep/

Pomodoro Smart Timer

Pomodoro Smart Timer auxilia na organização diária, contemplando estudo, treino e trabalho.

Saiba mais em: https://www.google.com.br/keep/

Planejador de Tempo

Planejador de Tempo possui cronograma e lista de tarefas.

Saiba mais em:

https://play.google.com/store/apps/details?id=com.albul.timeplanner

Gerenciamento da Rotina Diária

O Gerenciamento da Rotina Diária é especializado em trabalhos de rotina que você realiza todos os dias.

Saiba mais em:

https://play.google.com/store/apps/details?id=com.jp.tsurutan.routintaskmanage

Mini Hábitos

Mini Hábitos possui foco na elaboração de rotina, hábito e organização de tarefas diárias.

Saiba mais em: https://www.google.com.br/keep/

Trello

O Trello auxilia equipes a trabalhar com mais colaboração e produtividade.

Saiba mais em: https://trello.com/home

Todolist

Organiza todas as tarefas em uma lista, a qual você tem acesso fácil via internet.

Saiba mais em: https://todoist.com/pt-BR

Any.Do

Any.Do é uma lista de Tarefas e Calendário, Lembretes.

Saiba mais em:

https://play.google.com/store/apps/details?id=com.anydo&hl=pt_BR&gl=US

OUTRAS DICAS

Dicas de Soratto e Rahman (2020):

1. Ter uma agenda de atividades;

2. Estabelecer prioridades;

3. Atividades não programadas;

4. Fuja das distrações;

5. Aprenda a dizer não;

6. Seja objetivo nas reuniões;

7. Delegue funções;

8. Fortaleça a qualidade de vida;

9. Mantenha o sono adequado.

REFERÊNCIAS

ALVES, Leila Cristina Ferreira; LUZ, Cláudia Noleto Maciel; BILAC, Doriane Braga Nunes. Gestão do tempo e produtividade: estudo de caso no setor de pessoal de empresa privada de saneamento básico. Multidebates, v. 1, n. 2, p. 8-25, 2017.B

INFANTAS, Ana Lucia Alvarez; PORTOCARRERO, Jorge Luis Tay Wo Chong; LOPEZ, Renzo Manuel Saravia. La importancia de la asociatividad en los negocios inclusivos: propuesta para el desarrollo de las relaciones entre Café Compadre y los productores cafetaleros de Satipo. Dissertação (Bacharelado em Administração) - Pontificia Universidade católica do Perú, 2017.

ATISTA, Luísa et al.. Gestão de Tempo. Edição: Escolar Editora, 2013.

BARBOSA, Christian. A tríade do tempo. São Paulo: Campus, 2004.

COVEY, S. R. First Things First - Como definir prioridades num mundo sem tempo. Rio de Janeiro: Campus, 1994.

ESTRADA, Rolando Juan Soliz; FLORES, Gilberto Tim; SCHIMITH, Cristiano Descovi. Gestão do tempo como apoio ao planejamento estratégico pessoal. Revista de Administração da Universidade Federal de Santa Maria, v. 4, n. 2, p. 315-332, 2011.

GROSBELLI, Andressa Carla. Proposta de melhoria contínua em um almoxarifado utilizando a ferramenta 5W2H. Trabalho de Conclusão de Curso - Universidade Tecnológica Federal do Paraná, 2014.

KLUYVER, C. A.; PEARCE II, J. A. Estratégia: Uma visão executiva. 2. ed. São Pulo: Pearson, 2007.

OLIVEIRA, Daniela. Recursos, orçamentos e cronograma: Planejamento e gestão de projetos. Porto Alegre: Ed. da UFRGS, 2018. p. 69-90, 2018.

PEREIRA, Carla Marina Gomes. O tempo para gerir. Como?. Dissertação (Mestrado em Direção e Chefia de Serviços em Enfermagem) - Escola Superior de Enfermagem do Porto, 2019.

REVERÓN SUÁREZ, Nerea et al. La gestión del tiempo. Trabalho de conclusão de curso (Administração e direção de empresas) - Faculdade de economia, empresa e turismo, 2015.

SILVA–ENG, Marcos Vinícius Belizário. Gestão do tempo na construção civil e sua relação com as demais áreas da gestão de projetos. Revista Especialize On-line IPOG - Goiânia, v. 1, n. 9, 2015.

SILVEIRA, H. E.; MARTELLI, R.; OLIVEIRA, V. V. A implantação da ferramenta 5W2H como auxiliar no controle da gestão da empresa agropecuária São José. Revista de Administração do Sul do Pará, v. 3, n. 2, p. 68-80, 2016.

SORATTO, Jacks; RAHMAN, Jalila Musa; ROSA, Maria Ines da. Gestão do tempo e organização diária. 2020.

WERKEMA, M. C. C. Ferramentas estatísticas básicas para o gerenciamento de processos. Belo Horizonte: Fundação Christiano Ottoni, 1995.